365일의 잠언

365일의 **잠언**

1981년 12월 8일 교회 인가
1983년 5월 2일 초판 1쇄 펴냄
2008년 6월 25일 개정 초판 1쇄 펴냄
2020년 12월 1일 개정 2판 1쇄 펴냄
2025년 4월 18일 개정 2판 4쇄 펴냄

지은이 · 성 프란치스코 살레시오
옮긴이 · 대전 가르멜 여자 수도원
펴낸이 · 정순택
펴낸곳 · 가톨릭출판사
편집 겸 인쇄인 · 김대영
편집 · 강서윤, 김지영, 김지현, 박다솜
디자인 · 강해인, 이경숙, 정호진
마케팅 · 임찬양, 안효진, 황희진, 노가영

본사 · 서울특별시 중구 중림로 27
등록 · 1958. 1. 16. 제2-314호
전자우편 · edit@catholicbook.kr
전화 · 1544-1886(대표 번호)
지로번호 · 3000997

ISBN 978-89-321-1748-5 02230

값 13,000원

이 책의 한국어 출판권은 (재)천주교서울대교구 가톨릭출판사에 있습니다.
저작권법에 의해 보호를 받는 저작물이므로 무단 전재와 무단 복제를 금합니다.

가톨릭의 모든 도서와 성물, 디지털 콘텐츠를 '가톨릭북플러스'에서 만날 수 있습니다.
https://www.catholicbookplus.kr | (02)6365-1888(구입 문의)

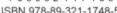
ISBN 978-89-321-1748-5

365일의 잠언

성 프란치스코 살레시오 지음 | 대전 가르멜 여자 수도원 옮김

St. Franciscus
Salesius

가톨릭출판사

머리말

프란치스코 살레시오 성인은 1567년 8월 21일에 태어났다. 그는 프랑스 동남부 사보아 지방의 귀족 집안 출신으로 6남매 가운데 장남이었다. 그의 부모는 독실한 가톨릭 신자였다. 특히 신앙심이 두터웠던 어머니는 어린 아들의 마음에 신앙과 덕행의 씨가 뿌리내리도록 했고 이를 가꾸어 길러 주었다.

프란치스코는 교육열이 높았던 아버지 덕분에 파리에 있는 클레르몽 대학에 입학할 수 있었으며 1588년에는 이탈리아의 파도바 대학으로 편입하여 법률과 신학을 공부하였다. 여기서 사제가 되어야겠다는 생각을 굳히게 된다. 그의 아버지는 자신의 아들이 군인이나 정치가가 되기를 바랐고, 미리 부유한 상속녀와 결혼까지 마련해 두었지만 그는 모든 것을 버리고 하느님께 봉사하며 살기로 마음을 굳혔다. 세상에서의 출세를 포기하고 오로지 하느님께만 봉사하며 살기로 한 것이다.

1593년 12월 18일에 사제품을 받은 그는 자기 완성과 성화에 끊임없는 노력을 하면서, 영혼들의 구원을 위해 열심히 일했다. 그 결과 7만 명이 넘는 사람들을 가톨릭 교회로 돌아오게 하는 데 성공하였다.

1602년에 제네바 주교로 임명되고부터 그는 영혼들을 구원하는 일에 더욱 매진하였다. 신자들이 각자 자기가 처한 상황에서 완전해지고 성인이 되도록 이끌기 위해, 그리스도께 가까이 가도록 인도하기 위해 최선을 다했다. 그러던 그는 1622년 12월 28일 리옹에서 뇌일혈로 쓰러졌고 결국 다시 일어나지 못한 채 평화로이 세상을 떠났다. 그가 세상을 떠난 후 수많은 사람이 그를 기리며 마지막 길을 배웅했다고 한다. 그는 1662년 복자로 선포되었고, 1665년 시성되었다. 또한 1877년에는 교회 박사로 선언되었으며 1923년에는 작가와 언론인의 수호성인으로 선언되어 많은 공경을 받고 있다.

그의 덕행의 특징은 온화함이다. 그는 예수 성심에 대한 신심을 기본 바탕으로 성 마리아 방문 수도회를 창설했다. 그곳에서 성심의 사도 마르가리타 마리아 알라코크 성녀가 배출되었다.

또한 요한 보스코 성인은 1859년 수도회를 창설하고 프란치스코 살레시오 성인을 수호자로 모셨다. 이 수도회가 살레시오 수도회이다.

이 책은 프란치스코 살레시오 성인의 말씀을 매일 묵상할 수 있도록 만들어졌다. 매일 아침 혹은 잠들기 전 한 말씀씩 읽고 묵상한다면 자신도 모르는 새에 영적으로 훌쩍 성장하게 될 것이다.

차례

1월	영원한 생명	11
2월	하느님의 배려	27
3월	거룩한 무관심	43
4월	영적 진보	61
5월	영적 메마름	77
6월	영적 성공	93
7월	영적 위로	109
8월	마음의 자유	127
9월	하느님과의 올바른 관계	145
10월	완덕의 길	161
11월	인간적 지혜	179
12월	은총의 샘	195

St. Franciscus Salesius

1

1월

영원한 생명

1일

영원한 생명을 얻는 데 도움이 되지 않는다면 그게 무엇이든 다 헛된 것이다.

2일

가정에서 온화한 태도를 가지도록 하라. 밖에서는 천사 같은 사람도, 집에 들어와서는 악마처럼 변하는 사람이 있다.

3일

지나치게 길지만 않다면 기도, 묵상, 영적 잠심의 시간은 영혼에 도움이 될 것이다.

4일

누가 조언을 청해 왔을 때는 계산하지 말고 솔직하게 말해 주어라. 그것이 어떻게 받아들여질까, 그가 어떻게 생각할까 걱정할 필요는 없다.

5일

하느님의 뜻을 찾고 그분이 기뻐하실 일을 하면 비참한 이 세상도 천국과 같을 것이다.

6일

괴롭고 슬픈 일이 있을 때, 더 심한 고통도 기쁘게 참아 견디셨던 성인들을 생각하며 용기를 내고 분발하자.

7일

정에 쉽게 좌우되는 사람은 아무리 사소한 일이라도 자신의 뜻대로 안 될 때 불안해하고 낙담해 버린다.

8일

신심 수련은 우리가 원하는 만큼만 할 것이 아니라 그 이상으로 더욱 열심히 정진해야 한다.

9일

오랜 시간 동안 신심 수련을 하기보다는 꼭 해야 할 신심 수련을 알차게 해내는 데 전념해야 한다.

10일

인간에게 싸움을 걸어 오는 것은 인간뿐이다.

11일

우정을 맺지 않는 것보다는 좋은 우정을 맺는 것에 그리스도교적 완덕이 있다.

12일

궤변을 늘어놓기보다는 자유로운 마음으로 덕을 실천해 나가도록 힘써야 한다.

13일

이웃을 하느님 안에서 바라보지 않는 사람은 순수하고 차별 없이, 그리고 꾸준히 그들을 사랑하기가 어려울 것이다.

14일

싫은 사람일수록 더 자주 온화하게 대하면서 애덕을 실천하자.

15일

신심 생활에서 얻는 아주 작은 위로가 세상의 어떤 즐거움보다 더 큰 만족을 가져온다.

16일

사랑은 과하지 않을 때 커다란 만족감을 준다. 하느님에 대한 사랑은 아무리 크다 해도 지나침이 없으니 이 사랑은 우리에게 최고의 만족감을 준다.

17일

우리는 가끔 천사가 되고 싶어 하지만, 이에 앞서 마음이 순박하고 곧은 사람이 되도록 힘써야 한다.

18일

자신이 불완전한 존재라는 사실에 대해 불안해할 필요가 없다. 오히려 이것을 통해 우리는 자기애와 교만의 위험에서 구원되므로 기뻐해야 한다.

19일

자기 판단을 버리는 것은 매우 어려운 일이다. 그러나 겸허하고 완전하게 되려면 이는 반드시 필요한 것이다.

20일

영혼이 메마를 때, 하느님을 위한 사랑의 행동 하나가 다른 수많은 일보다 가치가 있다.

21일

아무리 천성이 훌륭한 사람이라 해도 바르지 못한 행동을 거듭하게 되면 아주 나쁜 습관이 들게 된다.

22일

본성을 억제할수록 초자연적 영감이 늘어난다.

23일

악의를 가지고 한 것이 아니라면 어떠한 잘못도 하느님께 용서받을 수 있다. 그리고 이러한 실수는 겸손과 영적 진보의 계기가 된다.

24일

자만은 일종의 우상숭배다. 자만에 빠져 행동하는 사람은 그 행동에 버금가는 수많은 우상을 만들어 낸다.

25일

필요한 것이 있거나 일이 잘 되기를 바랄 때에는 하느님을 완전히 신뢰해야 한다. 그러면 반드시 믿는 대로 될 것이다.

13일

하느님이 원하시는 것 외에 우리가 무엇을 원하랴. 우리 영혼의 배(舟)를 하느님께서 조종하시도록 내어 맡기자. 하느님이야말로 이 배를 안전하게 항구까지 인도해 주실 분이다.

14일

우리를 향한 하느님의 배려보다 더 완전한 것은 없다. 하느님은 우리 한 사람 한 사람의 형편을 헤아리고 보살펴 주시는 분이다. 그러므로 초조해하지 말고 온화함과 평화를 잃지 않도록 하자.

10일

일상생활 속에서 신심을 키워 나가야 한다. 스스로 굳은 의지를 가지고 이에 정성을 들여야 한다.

11일

일할 때는 성과에 집착해서는 안 된다. 성공은 하느님 손에 맡기는 것이 좋다.

12일

그대가 하려는 선행에 대해 남이 비판하거나 불평을 말해도 흔들리지 말고 흘려들어라. 흔들리지 않는 인내심을 갖고 충실하게 계속 실천하라.

7일

진정으로 인내심이 강한 사람이라면 다른 사람들이 영광스러운 십자가를 자랑할 때 치욕이 될 십자가도 용감하게 참아 낸다.

8일

오로지 하느님만을 생각하며 살고 일하며 기뻐하는 일이 인간의 가장 큰 행복이다.

9일

이웃의 행동을 볼 때 이것저것 살피기보다 애덕의 눈으로 단순하게 바라보도록 하라.

15일

나에게 아무런 잘못도 없는데 책망을 받으면 그에 대해 온화하게 밝혀라. 그러나 그것도 받아들여지지 않으면, 가만히 겸손되이 침묵을 지켜라.

16일

이기심을 떨쳐 버릴 수 있는 사람은 없다. 그러니 살아가는 내내 이를 억제하려고 애써야 한다.

17일

신심 수련을 하는 중에 방해를 받으면 웃는 얼굴로 그 수련을 멈출 수 있는 아량을 가져라. 이런 마음의 여유를 갖지 못한 이들은 대부분 슬픈 얼굴로 불평을 하곤 한다.

18일

친절한 행동은 단순한 애덕의 실천이 아니다. 그 안에는 큰 겸손이 담겨 있기 때문이다. 겸손을 통해 더 큰 선행과 완전함이 생긴다.

19일

유혹에 대해서 너무 걱정하지 말라. 영혼이 악마의 공격을 받고 있다고 느끼는 것은 좋은 표지이다. 이는 영혼이 아직 악마에게 넘어가지 않았다는 것을 나타내기 때문이다.

20일

늘 진실을 말할 수는 없을 것이다. 그러나 진실을 부정하는 것은 절대로 해서는 안 되는 일이다.

26일

그대의 신심 생활을 보고 자기도 그렇게 되려고 애쓰는 사람이 있다면, 그럴 수록 더욱 신심이 깊어지도록 노력해야 한다.

27일

미모는 자랑할수록 그 가치가 떨어진다. 지식도 이와 같다. 잘난 체하거나 지식을 자랑할수록 명예를 잃게 된다.

28일

덕행을 얻으려고 지나치게 조급하게 굴면, 도리어 잃는 수가 있다.

29일

아무런 선도 행하지 않고 지나쳐 버리면 이미 그 자체가 큰 죄이다.

30일

하느님은 우리가 실현 불가능한 위대한 일을 하려고 정열을 쏟는 것보다 우리에게 주어진 작은 일에 충실하기를 원하신다.

31일

단순함은 가장 훌륭한 것이며 우리가 꼭 얻어야만 하는 것이다.

St. Franciscus Salesius

2월

하느님의 배려

1일

하느님께 헌신하며 봉사하는 이는 얼마나 행복할까! 하느님을 위해서 한 일은 이 세상에서나 후세에서 넘치는 보상을 받는다.

2일

하느님에 관한 일을 함부로 말해서는 안 된다. 언제나 존경과 겸손을 가지고 말해야 한다.

3일

언제나 검소하고 단정한 복장을 해야 한다. 이것이야말로 제일가는 장식이며 마음을 확실하게 지키는 길이다.

4일

아름다운 말로 하느님을 찬미하며, 그분을 마음 깊이 사랑하는 것만으로는 부족하다. 늙은 시메온처럼 하느님을 두 팔로 안고 자신에게 주어진 길로 나아가야 한다.

5일

우리가 이웃을 너그럽게 받아들일 수 있게 될 때는 언제일까. 이것이 성인들이 우리에게 주는 가장 큰 교훈이다. 이것을 배워 실천하는 이는 행복하다.

6일

순수하게 하느님에 대한 사랑 때문에 고통받는 이는 그 고통에 대해 슬퍼하지도, 남의 동정을 기대하지도 않는다.

21일

슬픔을 겪지 않고 성덕에 이른 사람은 없다. 이 사실은 슬프고 괴로울 때에 큰 위로가 될 것이다.

22일

천국에서 사랑하듯 지금 이곳에서 사랑하도록 하자.

23일

비록 작은 행동이라도 하느님 마음에 들겠다는 순수한 지향을 가지고 한다면 그것은 위대하고 훌륭한 행동이다.

24일

병으로 괴로울 때는 나의 의지를 하느님의 거룩한 뜻에 맡겨야 한다. 그분께 의탁하고 그분과 일치를 이루는 것만 생각해야 한다.

25일

다음 두 가지가 그대의 신심 생활을 지켜 줄 것이다. 하나는 자신에게 주어진 소명을 충실히 수행하려는 굳은 결심이고, 다른 하나는 앞으로 저지를 실수 때문에 불안과 낙담에 떨어지지 않을 용기이다.

26일

죽음 앞에 다다랐을 때 우리는 완덕으로 이끄시는 하느님의 도움을 게으름으로 허비한 것을 깨닫고 가책을 느낄 것이다.

27일

물건을 잃고 슬퍼하지 않으려면, 남이 가진 것에 너무 부러워하지 말고 내가 가진 것에 집착하지 말아야 한다.

28일

마음을 물질에서 떼어 놓아야 한다. 이렇게 해야 사람에 대한 관심에서 벗어나 자기 영혼 문제에 대해 고요하게 하느님과 대화할 수 있다.

29일

하느님의 영광을 찾는 일과 모든 이에게 좋은 표양이 되는 일에 언제나 마음을 써야 한다. 이것이 우리에게 가장 큰 명예이다.

St.

Franciscus

Salesius

3월

거룩한 무관심

1일

허영이란 나에게 없는 것, 나에게 있어도 내 것이 아닌 것, 또는 나에게 있지만 내 것이라고 내세울 만한 것이 못 되는 것을 가지고 자랑하는 것이다.

2일

하느님을 사랑하겠다는 결심을 실천하여 열매를 맺으려면, 항상 침착한 마음을 유지하기 위해 노력해야 한다.

3일

언제나 겸손해야 한다. 완덕을 향해 상당히 나아간 이들에게도 겸손은 언제나 필요하다.

4일

영원을 생각하며 사는 사람은 이 세상의 어려움에 부딪혀도 쉽게 위로를 얻는다. 이러한 어려움은 잠시일 뿐, 계속되지 않는다.

5일

비록 우리가 하느님께 봉사하는 것에서 즐거움을 못 느낀다 해도 하느님은 이를 기쁘게 받아 주신다.

6일

머물러 있지 말고 꾸준히 영성 생활을 해 나가자. 지금 당장 성과가 보이지 않더라도 조금씩 앞으로 나아가고 있으니, 머지않아 크게 성장할 것이다.

7일

다른 사람을 지도하는 것도 아니고 그를 돌볼 책임이 있는 것도 아니면서 남의 생활에 지나치게 관심을 쏟는 것은 쓸데없는 일이다.

8일

하느님을 위한 행위는 양보다 질로 가늠된다. 작은 일이라도 큰 사랑으로 행할 때 우리는 완덕에 더 가까워진다.

9일

죄에서 벗어나 새 생활을 시작한 이라면 세심증이 생겨도 이상할 것이 없다. 이는 세심하게 주의를 기울이며 양심적으로 살고 있음을 드러내는 표지이다. 그러나 오랫동안 완덕의 길을 걸어 온 이라면 세심증이 이는 것은 좋지 않다. 그들은 굳은 의지로 꿋꿋하게 앞으로 나아가야 한다.

10일

영적 생활에서는 너무 세심하게 이치를 따지기보다는 오히려 묵묵히 나아가는 것이 좋다.

11일

하느님에 대한 신뢰가 진실되고 완전할수록 우리에 대한 주님의 섭리는 분명히 나타날 것이다.

12일

선을 행할 때는 하느님 외에 누구에게도 보이지 않게 신중히 해야 한다.

13일

나의 잘못에 대해 분노하거나 불안해하지 말고 침착하게 반성해야 한다. 나의 부족함을 깨닫고 나 자신을 낮추는 것으로 이미 그 마음은 훌륭한 것이다.

14일

불안한 마음에 하느님을 섬기는 방법을 바꾸는 것은 큰 도움이 되지 않는다. 자신의 소명에 따라 나에게 알맞게 신심을 실천해 나간다면 그것으로 충분하다.

15일

눈과 귀를 삼가고 수다스러운 혀를 억제하는 것이 다른 어떠한 고행을 실천하는 것보다 훨씬 가치 있다.

16일

이웃과 다투기 전에, 입장을 바꿔서 생각해 보라. 그러면 틀림없이 올바르고 선한 판단을 내릴 수 있을 것이다.

17일

신앙이 깊이 뿌리내린 이는 고난을 두려워하지 않는다. 하느님은 당신을 사랑하고 신뢰하는 이를 지켜 주신다는 것을 알기 때문이다.

18일

칭찬을 받으려는 마음에서 선행을 해서도 안 되지만, 칭찬받는 것이 두려워서 선행을 게을리해서도 안 된다. 늘 겸손하되 크고 관대한 마음을 지녀야 한다.

19일

아무리 작은 분노라고 해도 그 충동대로 행동하면 나도 모르는 사이에 화를 잘 내는 성격이 되어 남에게 피해를 주는 사람이 되고 만다.

20일

설교를 잘 못한다고 해서 걱정할 필요 없다. 다른 사람들에게 좋은 모범을 보이는 것만으로도 훌륭한 설교가 된다.

21일

참으로 인내하는 사람은 자신의 불행을 탄식하지도 않고 남에게 동정을 받으려고도 하지 않는다.

22일

신심이 깊다는 이유로 세상이 그대를 비웃거든 그것을 무시하고 마음속으로 기뻐하라. 그것은 완덕의 길로 나아가기 위해 받는 시련일 뿐이다.

23일

하느님의 뜻을 따르기 위해 '거룩한 무관심'을 갖는다면, 슬픔이나 우울함이 있을 수 없다.

24일

하느님을 따른다는 것은, 이웃에게 애덕을 다하고 하느님의 뜻을 실천하기로 결심하는 것이다. 또한 단순하고 겸손한 마음으로 하느님을 신뢰하며 나의 부족함을 끝까지 참아 내는 것이다.

25일

1그램의 겸손이 1,000그램의 명예보다 더 가치 있고 더 좋은 열매를 맺는다.

26일

남을 비난하기는 쉽지만 자기 결점을 고치기는 어렵다.

27일

완전한 위로와 평온은 천국에만 있다. 이 세상에는 늘 선과 악이 뒤섞여 있다.

28일

기도 중에 나타나는 좋은 감정은 소중한 것이지만 자랑할 것은 못 된다. 자랑하다 보면 덕행을 실천하고 욕망을 멀리하는 일을 게을리 하기 쉽기 때문이다.

29일

영적 지도를 받는 이는, 자녀가 아버지를 대하듯이, 환자가 의사에게 진단을 받듯이 완전히 신뢰하며 마음을 활짝 열어야 한다.

30일

덕행을 실천하고자 하는 원의(願意)가 생겼다면, 가장 눈에 띄는 것보다는 가장 선하고 견고한 것을 골라라.

31일

결점을 깨닫거든 슬퍼하기보다 그 결점을 고칠 기회를 얻었다는 사실에 위로를 받아야 한다.

St.

Franciscus

Salesius

4월

영적 진보

1일

세상 것이 아무리 대단해 보여도, 그것은 자기기만이자 환상이며 거짓일 뿐이다.

2일

영적 원수의 공격을 받지 않게 되었다고 해서 안심할 수 없다. 잠시 쫓아냈다 해도 완전히 사라진 것은 아니다. 언제 더 잔혹한 싸움을 걸어 올지 모른다.

3일

우정, 특히 이성과 우정을 맺을 때는 신중해야 한다. 처음에는 미덕에서 시작되었을지 몰라도 나중에는 큰 손해의 원인이 될지도 모른다.

4일

내 안에 있는 사랑이 움직이는 것을 잘 관찰하라. 자기 좋을 대로 사랑하는 이는 많지만 이성(理性)과 하느님의 원의대로 사랑하는 이는 드물다. 하느님의 뜻을 따를 기회가 있다면 최대한 빠르게, 너그러운 마음으로 그 기회를 잡으려 노력하라.

5일

흔히 겸손하지 않은 사람은 솔직하지도 않다고 한다. 이는 하느님께서 인간의 교만함을 고쳐 주시고자 그들이 부끄러운 죄에 빠지도록 허락하셨기 때문이다.

6일

대화는 상대방에게 적당한 기쁨과 즐거움을 줄 수 있어야 한다. 그러니 누구와 대화를 하든지 호의를 보여야 하며, 특히 도움이 필요한 사람에게는 더욱 친절하게 대해야 한다.

7일

안토니오 성인은 신심 행위에도 현명함이 필요하다고 하면서 그만큼 현명함이 중요한 덕이라는 점을 강조했다. 즉, 참된 신심에는 거룩한 현명함이 빠질 수 없으며 현명함이 있어야 그 가치를 발휘할 수 있다.

8일

늘 근심과 불안에 맞서 싸워야 한다. 덕행으로 나아가는 데 이보다 더 큰 방해물은 없기 때문이다.

9일

헛된 생각에 머무는 일이 없도록 조심하자. 이런 습관에 사로잡히면 머지않아 위험하고 악한 생각에 빠지게 된다.

10일

영혼이 하느님과 진정으로 일치하는 방법은 절제뿐이다.

11일

하느님 아닌 다른 무엇을 사랑하느니 차라리 죽겠다고 결심해야 한다.

12일

마음이 메마르거나 어려울 때에도 희망을 품어야 하고, 누군가에게서 위로를 받거나 운이 좋을 때에도 두려움을 가져야 한다. 그리고 어떤 경우에도 겸손한 마음을 잊지 말아야 한다.

13일

골고타 산은 사랑하는 이의 산이다. 그리스도의 수난에 뿌리내리지 않은 사랑은 경박하고 위험하다는 것을 알아야 한다.

14일

장상과 함께 있을 때에는 될 수 있으면 자신의 원의보다 장상의 뜻을 더 중요하게 여겨라.

15일

남이 칭찬하는 말을 듣고 잘난 체하지 말라. 사람은 무의식중에 아첨하는 말에 빠져들기 쉽다.

16일

희망과 용기, 그리고 끝까지 하느님을 사랑하겠다는 결심을 잃느니 다른 모든 것을 잃겠다는 각오로 살자.

17일

정신의 자유란 하느님의 뜻이 명확해졌을 때 무엇보다 먼저 그 뜻을 따르는 것이다.

18일

어떤 일이든 서두르면 그르치기 쉽다. 그러니 언제나 평온한 마음으로 신중하고 친절하게 행동하라.

19일

많은 이들이 완덕을 동경하지만 거기에 이르는 이는 매우 드물다. 대부분 하느님을 완전히 신뢰하지도 않고, 자애로운 하느님 아버지의 섭리에 자신을 완전히 내맡기지도 않기 때문이다.

20일

죄의 세계에서 벗어나 덕을 실천하려는 사람은 단번에 그리되리라고 생각해서는 안 된다. 새벽도 어둠을 조금씩 흩어 버리며 밝아 오는 것이다.

21일

하루 종일 좋은 생각을 하고 화살기도를 바친다면, 완덕에 대한 열망을 얻기 어렵지 않을 것이다.

22일

호감이 가지 않는 사람에게 봉사하는 것은 하느님에 대한 사랑만으로 하는 일이기에 그 공로가 훨씬 크다.

23일

하느님께서는 그분의 사랑을 실천하며, 세상에서 존경받기보다 천대받기를 좋아하는 사람을 마음에 들어 하신다.

24일

하느님을 모든 것으로 아는 이에게 이 세상은 있어도 없는 것과 같은 곳이 된다.

25일

우리가 영원히 행복할 수만 있다면 세상살이가 아무리 괴로워도 상관없을 것이다.

26일

멸시받을 때 서운함을 느끼는 것은 당연하다. 그러나 한 걸음 더 나아가려면 이를 마음의 위로로 삼을 줄 알아야 한다.

27일

분노를 적당히 이용하기보다는 완전히 억제하는 편이 더 낫다. 분노가 영혼에 조금이라도 스며들면 금세 주인이 되어 영혼을 폭군처럼 휘두르기 때문이다.

28일

영적으로 진보하고자 한다면 십계명과 교회 법규를 지키는 것만으로는 부족하다. 각자 자기가 할 수 있는 선행을 다하기 위해 항상 현명하게 살펴보아야 한다.

29일

하느님의 깊은 사랑의 섭리에서 오는 온갖 슬픔이나 위로를 거부하지 말고 언제나 기쁘게 받아들일 수 있게 마음을 준비해 두어라.

30일

'영적인 삶'은 인간적 기준이 아닌 그리스도교의 진리대로 생각과 말과 행동을 해 나가는 것을 뜻한다.

St.

Franciscus

Salesius

5월

영적 메마름

1일

만일 마음 한구석에라도 하느님을 위한 것이 아니거나 하느님 뜻대로 움직이지 않는 부분이 있다면 그것을 뽑아 버려라.

2일

입으로는 순교도 할 수 있다고 말하면서 일상의 가벼운 고통조차 참지 못한다면 어찌 굳은 신앙을 가지고 있다고 할 수 있겠는가.

3일

금지된 것이 아니라고 해도 헛되고 무익한 즐거움에 애착을 갖지 않도록 해야 한다. 이런 마음가짐으로 살아야 죄의 유혹이 다가와도 쉽게 피할 수 있다.

4일

단 한 번의 영성체로도, 우리는 거룩하고 완전한 사람이 될 수 있다.

5일

영적 싸움은 사실 힘든 일이다. 그렇지만 승리를 거둔다면 얼마나 통쾌하고 영광스럽겠는가.

6일

자신의 의견과 판단만을 고집하는 이는 자신이 완덕의 길에서 얼마나 멀리 떨어져 있는지 깨달아야 한다.

7일

하느님께 봉사할 때 자신이 받은 소명에만 집중하고 다른 사람의 소명에는 관심을 두지 않아야 한다. 이런 비둘기 같은 단순함이 우리에게 필요하다.

8일

덕을 향해 나아가는 길이 어렵다고 해서 천국 근처에도 갈 수 없을 것 같다고 여기는 것은 큰 잘못이다. 하느님은 관대하고 잘 참으시는 분이시다.

9일

이웃에게 애덕을 실천할 때에는 충고뿐만 아니라 마음의 위안도 함께 전해야 한다.

10일

어느 순간에도, 지금 죽어도 후회가 없도록 늘 마음의 준비를 하고 있어야 한다.

11일

하느님에 대해 이야기할 때 유식해 보이려고 미사여구를 늘어놓으면 그분의 참된 뜻이 전해지지 않는다. 그것은 자기 마음을 허영심으로 채우는 일일 뿐이다.

12일

하느님은 단순함과 겸손, 애덕으로 가득 찬 마음을 기뻐하신다.

13일

만일 사업을 하는 사람이 동전으로만 거래를 한다면 큰 이익을 볼 수도 없을 것이고 새로운 희망을 가질 수도 없을 것이다. 신앙생활도 이와 마찬가지이다.

14일

무의식중에 범한 잘못 백 가지보다 고의로 저지른 작은 잘못 하나가 우리의 덕을 더 상하게 한다.

15일

이 세상에서 온갖 고난을 겪더라도 평온한 마음을 잃지 않는다면 언제나 기쁘게 살 수 있을 것이다.

16일

모든 규칙에는 예외가 있지만 하느님을 거스르면 안 된다는 규칙에는 어떤 예외도 없다.

17일

영적 메마름에서 더 많은 것을 얻으려면 그 상태에서 완전히 벗어나려고 하지 말아야 한다.

18일

모든 것이 부족할 때에도 하느님은 언제나 우리를 부족하지 않게 해 주시는 분임을 믿어야 한다.

19일

교만해질까 두려워서 하느님께 받은 특별한 은총에 대해 깊이 생각하지 않는 것은 큰 잘못이다.

20일

영적 지도를 잘 받아들이는 사람들이 많지만 자기 자신에 대한 믿음이 너무 확고해서 하느님의 도움이 필요 없다고 생각하는 사람들도 많다.

21일

위대한 영혼은 영원한 것을 그리워하고, 영원하지 않은 것을 가치 없는 것으로 여긴다.

22일

참된 덕과 완전함이 나와는 너무 거리가 먼 것으로 느껴질 때가 있다. 그래도 인내를 가지고 용감하게 열망하라.

23일

분노, 그릇된 추측, 질투, 집착, 이중적인 마음, 허영심, 악한 생각 등의 사소한 유혹에 넘어가지 않도록 힘써라. 이러한 노력이 큰 유혹을 이겨 낼 수 있는 힘을 준다.

24일

세상 사람들에게 존경받지 못하고 있다면 오히려 기뻐하라. 적어도 그 부분에 있어서 당신은 세상에 속해 있지 않은 것이다.

25일

일을 진행하는 데 왜 그리 조급히 구는가. 천천히 침착하게 하나씩 처리하라. 그러면 커다란 발전이 있을 것이다.

26일

기도 시간에 충실히 기도하지 않고 기도를 게을리 했다면 그 시간은 도둑맞은 것이다.

27일

꼭 필요한 것만으로 만족할 수 없다면 아무리 많이 갖는다 해도 절대로 넉넉하다고 느끼지 못할 것이다.

28일

말다툼이나 상대에게 모욕을 주는 논쟁을 피하기 위해서는 내 생각이 옳다고 생각해도 어느 정도 누르고 남의 의견을 받아들일 줄 알아야 한다.

29일

순조롭게 성장한 덕일수록 약하고 힘이 없다. 어려움을 겪으며 길러진 덕이야말로 참된 덕이고, 언제나 강하고 견고하다.

30일

나를 찾아오는 사람은 가장 좋은 옷을 입고 있더라도 허영을 부리지 않는 사람이었으면 좋겠다.

31일

십자가에 달리신 예수 그리스도를 입기 위해서는 자기 자신을 벗어 버려야 한다.

St. Franciscus Salesius

6월

영적 성공

1일

기분이 좋을 때나 자신에게 유리할 때에만 규칙을 지키려 한다면 내가 지킬 수 있다고 생각한 규칙조차 지키지 못하게 된다.

2일

고통이 너무 무겁고 오래 지속된다고 한탄해서는 안 된다. 하느님은 모든 것을 헤아리고 계신다.

3일

꿀이 아니면 아무것도 빨아들이지 않는 꿀벌처럼 행동하라. 즉, 어디에 가든 선한 것만 찾으려고 노력하라.

4일

불행한 일이 생기는 것은 어쩔 수 없다. 미리부터 근심하여 지나치게 슬퍼하지 말고 불행한 일도 받아들일 마음의 준비를 하는 것이 중요하다.

5일

나쁜 생각이 든다고 해서 지나치게 걱정하는 것은 좋지 않다. 그것을 느끼는 것과 받아들이는 것은 다른 것이다.

6일

남의 신심과 행동에 대해 비난해서는 안 된다. 이런 비난은 애덕을 손상시킬 뿐만 아니라 아주 위험한 것이기도 하다.

7일

겸손한 사람은 자신이 겪고 있는 고뇌를 당연한 것으로 받아들일 수 있다.

8일

선행이 얼마나 가치 있는 것인지 판단하려면 그 선행에 녹아 있는 애덕뿐만 아니라 하느님 마음에 들고자 하는 마음도 고려해야 한다.

9일

즐거운 대화는 기분을 전환하는 데 도움이 된다. 서로 기분 좋게 말을 나누기 위해서는 다른 사람에게 말할 기회를 주려고 마음을 써야 한다.

10일

참을성이 많은 사람은 언제나 평온한 마음으로 하느님의 뜻에 순종한다. 그러나 오랫동안 고통을 겪게 되면 하느님의 뜻에도 싫증을 느끼게 되는데, 이것은 아주 위험하다. 이를 이겨 나가도록 노력하자.

11일

기분을 좋게 하는 달콤한 칭찬에는 영혼을 좀먹는 독이 있다. 이 독이 신앙 생활을 열심히 하고 훌륭한 성덕을 지닌 이들의 덕과 신심을 얼마나 많이 망쳐 버렸던가.

12일

참으로 겸손한 이는 자신이 남에게 부당한 대우를 받고 있다는 생각조차 하지 못한다.

13일

"아무것도 요구하지 않고 아무것도 거절하지 않겠다."라는 금언을 마음속에 새기고 살아가라.

14일

어떤 이가 한 번 악한 행동을 했다고 해서 그를 나쁜 사람이라고 단정해 버려서는 안 된다. 한 번 행한 것만으로 습관이 되는 것은 아니기 때문이다.

15일

하느님을 굳게 믿어라. 하느님께서 인간이 어떤 잘못을 범하도록 두는 것은 완전히 그들을 버리시는 것이 아니라 그들이 자신을 낮추어 더욱 조심하도록 하기 위한 것이다.

16일

참으로 하느님의 자유를 터득한 사람은 마음의 기쁨과 평화를 잃지 않는다. 슬픔은 세상에 대한 집착이 있는 곳에 스며든다.

17일

자연스럽게 우러나오는 칭찬은 아름답지만 억지로 만들어 낸 칭찬은 역겹다.

18일

우리 주 예수 그리스도께서 우리를 위하여 얼마나 많은 고통을 참아 견디셨는지를 생각해 보라. 어찌 우리 마음과 사랑을 드리지 않을 수 있겠는가?

19일

우리는 영적 싸움에서 참으로 큰 기쁨을 얻을 수 있다. 확실한 승리를 얻기 위해서는 끊임없이 싸울 각오가 되어 있어야 한다.

20일

죽음을 두려워하는 것이 죄가 되지는 않지만 자애로우신 하느님과 일치하지 못하게 하는 걸림돌이 될 수 있다.

21일

자신을 거짓되게 드러내 보이고, 모르는 것을 안다고 주장하는 것은 얼마나 어리석고 오만한 일인가.

22일

하느님은 순종을 사랑하신다. 다른 사람, 그중에서도 특히 영적 지도 신부에게서 받은 조언은 아주 작은 것일지라도 우리가 영적으로 성장하는 실마리가 된다.

23일

예수님의 거룩한 마음은 모든 이를 돌보신다. 이처럼 거룩한 분이 돌보시는 사람을 우리가 어찌 사랑하지 않을 수 있겠는가. 그들의 결점을 어찌 참아 주지 않을 수 있겠는가.

24일

"하느님과 멀어지지 않겠다."라는 말은 모든 것을 잃어도 좋다는 마음과 통한다. 완전히 세상과

동화되어 세상이 요구하는 대로 사는 것과 정반대되는 것이다.

25일

큰 덕을 쌓으려고 찾아다니기보다 주님의 영광을 마음에 품고 작은 일부터 실천해 나가자.

26일

귀찮게 구는 이웃을 더 사랑하려고 노력하는 것은 주님을 향한 순수한 사랑을 증명해 줄 것이다.

27일

자신의 뜻을 굽히려 하지 않는 사람은 작은 일에도 쉽게 화를 내고, 실패를 조금도 받아들이지 못할 것이다.

28일

전례에 참여하면, 교회에 공을 세울 수 있으며 개인적인 신심 행위에서 얻을 수 있는 위로보다 훨씬 더 큰 위로도 얻을 수 있다.

29일

나의 잘못을 뉘우칠 때는 겉으로만이 아니라 진심에서 우러나오도록 해야 한다. 그리고 동시에 거기에 평정심과 체념을 담아야 한다.

30일

신심에서 오는 기쁨이 때로는 악마의 올무일 수도 있다. 악마는 이런 식으로 영혼을 마비시켜서 사람들의 마음에 이미 성인(聖人)이 다 되었다는 생각을 불어넣는다.

St.

Franciscus

Salesius

7

7월
영적 위로

1일

이웃에게 받는 최대의 모욕은 비웃음이다.

2일

영적 근심에 주의하라. 이것은 신심 생활에 전염병처럼 번진다.

3일

작은 일을 충실히 하다 보면 하느님께서 더 큰 일을 맡기실 것이다.

4일

겸허한 태도는 내적으로 크게 유익하다. 마음에 평화와 고요를 안겨 주기 때문이다.

5일

영원한 행복이 올 것을 알면서 왜 이 세상의 괴로움을 참아 내려 하지 않는가.

6일

우리의 어머니이신 성모님을 본받도록 하자. 구세주께서 우리를 인도하시려는 곳이면 어디든, 똑바른 길이든 구부러진 길이든 성모님을 따라 기쁘게 나아가도록 하자.

7일

겸손하고 선한 마음으로, 늘 양보하는 습관을 길러야 한다. 그러면 그대는 참된 애덕을 가질 수 있을 것이다.

8일

세상 사람들이 그대를 존경하게 되더라도 그것에 너무 관심을 갖지 말라. 사실은 그대를 지나치게 좋게 평가하는 것인지도 모른다.

9일

십자가 위의 예수님을 사랑한다는 것은 예수님과 함께 그 모욕과 고통, 죽음까지도 사랑한다는 것이다. 그러므로 사랑으로 그런 것들을 받아들이자.

10일

애덕을 거스르는 겸손은 참된 것도 아니고 진심에서 나온 것도 아니다.

11일

내가 바라는 바가 줄어들수록 하느님의 뜻을 더 많이 받아들일 수 있다.

12일

하느님을 따르는 일이 세상 사람들의 시시한 자유보다 훨씬 가치 있다.

13일

지속적으로 음식을 절제하는 것이 가끔 행하는 엄격한 단식보다 훨씬 가치 있다. 엄격한 단식을 하다 보면 오히려 긴장이 풀릴 수도 있기 때문이다.

14일

애덕과 순명과 결핍(가난), 이 세 가지는 하느님이 우리에게 무엇을 원하시며 어떤 일을 행하기를 바라시는지 가르쳐 준다.

15일

하느님 마음에 드는 행동을 하면 틀림없이 우리가 지은 죄를 기워 갚을 수 있다.

16일

모르는 것을 아는 척하는 것보다 어리석은 짓은 없다. 학자인 체하는 것은 역겨운 일이다. 아는 것도 삼가서 말하라.

17일

신심이 깊은 사람은 위선자라는 말을 듣거나 모욕을 받거나 심약한 겁쟁이라는 말을 들어도 흔들리지 않는다. 그리스도교 신앙을 어떠한 사회적 명예보다도 귀중히 여기는 사람은 이러한 그릇된 평가에 눈이 어두워지지 않는다.

18일

예수님을 마음 안에 모시고 죽는 것은 얼마나 큰 기쁨인가. 이 기쁨이야말로 일생을 통해 열심히 찾아야 할 가치 있는 것이다.

19일

위대한 일을 하고 싶어도 그렇지 못한 삶을 살 수도 있다. 이를 상관하지 말고 언제나 작은 일에 만족하면서 그 일을 마음을 바쳐 열심히 해라.

20일

누구든 사랑으로 대하고 덕행을 실천하는 데 도움이 될 만한 이들과 우정을 맺어라.

21일

겸손함은 비참하고 유약한 스스로를 신뢰하지 않게 한다. 관대함은 모든 선행의 바탕이신 하느님을 신뢰하게 한다. 이 둘은 불가분의 관계이다.

22일

미사에는 놀라운 힘이 있다. 그래서 미사를 드리면 우리의 영혼은 깊은 위로를 받는다.

23일

성인의 일생은 실천된 복음서이다.

24일

인간은 본성적으로 순종하는 것보다 명령하는 것을 좋아한다. 그러나 영적 생활에는 순종하는 것이 명령하는 것보다 이롭다.

25일

뜻밖의 어려움이 생기면 반드시 영원을 먼저 바라보라. 그러면 그 어려움이 사소하게 여겨질 것이다.

26일

돈이나 재산을 모으는 것보다 하느님을 경외하며 성덕을 쌓아 가정의 평화를 지키는 편이 더 낫다.

27일

기도할 때의 마음가짐과 경건한 태도가 기도의 결실을 좌우한다.

28일

물고기가 물 밖으로 나오면 자유를 잃듯이 하느님을 떠난 인간은 이성의 노예가 된다.

29일

영적으로 위로하거나 위로받을 때 기분은 좋겠지만 그렇다고 우리가 좋은 사람이 된 것은 아니다.

30일

자신의 슬픔을 가지고 공상하지 말라. 침착한 마음으로 참을성 있게 슬픔을 받아들여라. 모든 것이 하느님에게서 온다는 점만 알고 있으면 그것으로 충분하다.

31일

이기심이란 참으로 교묘한 것이다. 어디에나 끼어들고 온갖 것에 달라붙지만 남는 것은 아무것도 없다.

St.

Franciscus

Salesius

8

8월

마음의 자유

1일

유혹을 받으면 '예수 그리스도님 찬미받으소서.'라고 하며 마음을 차분히 가라앉혀라.

2일

우리가 책임져야 할 이들이 잘못했을 때에는 단호하게 꾸짖고 바로잡아 주어야 한다. 그러나 침착하고 온화하게 해야 한다.

3일

지금 당장 해야 할 선행을 제쳐 두고 더 좋아 보인다고 해서 확실하지도 않고 먼 데 있는 선을 좇으려는 생각은 위험하다.

4일

하느님을 위한 것이라고 말할 때에는 혹시 그것이 우리 취향이나 즐거움을 찾는 구실에 불과하지 않은지 생각해 보아야 한다.

5일

근신 중에는 마음가짐도 겸손해야 한다. 가장 낮은 자리에 머물면서 진심으로 그 자리를 원해야 한다.

6일

참된 애덕을 이루기 위해서는 상대방과 정신적으로 일치해야 한다. 그리고 이를 위해서는 온유와 양보가 제일가는 방법이다.

7일

마음으로 늘 영원한 것을 동경한다면 부유하게 살면서도 가난(청빈)의 정신은 지닐 수 있다. 그러나 이 세상 재물을 소중히 여기면 그렇게 할 수 없다.

8일

눈앞에 있는 선행의 기회를 놓치지 말라. 더 좋은 것을 찾으려다 그마저도 놓칠 수 있다. 눈앞의 것을 제쳐 두면 다른 것을 만날 수 없는 법이다.

9일

나의 미약함을 내세워 하느님과 눈앞의 이웃을 위해서는 자신의 재능을 쓰지 않고 다른 더 좋은 일의 도구가 되었으면 하고 바라는 것은 결국 우리를 오만에 빠지게 할 수 있다. 다른 사람을 돌보느라 자기 일이 잘못되었다고 하는 것은 핑계에 지나지 않는다. 그런 핑계는 거짓 겸손이며 악의의 겸손이다.

10일

인내는 우리의 일용할 양식이 되어야 한다. 특히 자기 자신에 대해서도 인내할 줄 알아야 한다.

11일

나의 결점이나 부족함이 남에게 알려지더라도 너무 걱정하지 말라. 오히려 그것을 알게 해 주신 하느님께 감사해야 한다.

12일

신심 수련을 하며 범하는 실수는 대부분 우리가 하느님의 옥좌 앞에 있다는 것을 쉽게 잊어버리는 데서 나온다.

13일

마음의 자유를 얻고 싶다면 우리의 어머니이신 성모 마리아께 기도하라. 그러면 들어주시리라.

14일

왜 하느님과 거래를 하려 드는가. 하느님은 우리의 선생님이시자 아버지시며 왕이시고 우리의 모든 것이시다. 우리 자신을 하느님께 봉헌하기만 한다면 하느님은 모든 것을 잘 처리해 주실 것이다.

15일

다른 사람의 의견에 반대를 해야 하는 상황이라면 반론을 제기해도 좋다. 그러나 그의 마음이 아프지 않게 온화하고 현명하게 해야 한다.

16일

타인의 원의를 들어줄 때는 나의 이웃을 통해 드러내신 하느님의 뜻을 따르고 있다고 생각해야 한다.

17일

지혜를 비추고 의지를 일깨우려면 기도가 필요하다. 특히 진심으로 하는 묵상 기도보다 좋은 것은 없다.

18일

대화할 상대를 찾아다니는 것도 하지 말고, 대화하려는 사람을 피하는 것도 하지 말라. 그러나 전자를 후자보다 더 조심해야 한다.

19일

하느님의 뜻대로 봉사하는 것보다 더 좋은 봉사는 없다.

20일

그리스도인은 사랑이 아니면 죽음을 갈망한다. 사랑이 없는 삶은 죽음보다도 가치가 없기 때문이다.

21일

명예를 지키려고 완고하고 오만하게 구는 것은 쓸모없는 일이다. 온화함과 겸손함 없이는 명예를 절대 지킬 수 없다.

22일

칭찬, 존경, 영광을 추구해 보았자 그것이 무슨 소용이 있겠는가.

23일

작은 유혹은 우리를 반성하게 하고, 우리가 불쌍한 존재임을 상기시키며, 하느님을 마음 깊이 신뢰하게 한다.

24일

꿀벌이 온갖 꽃에서 꿀을 모으듯, 형제들의 모든 행동에서 아름다운 점을 찾아내어 그것을 본받도록 하라.

25일

우리를 영원한 행복으로 인도해 준다면 우리의 짧은 일생도 가장 훌륭한 생애가 될 것이다.

26일

영혼의 구원은 어떠한 희생이 따르더라도 반드시 얻어야 하는 것이다.

27일

세상은 자기를 따르는 이를 언제나 변호하고 하느님을 따르는 이를 죄인처럼 다루는 나쁜 판사다. 참으로 이 세상은 비참하기 짝이 없다.

28일

고해성사를 드릴 때나 영적 지도를 받을 때 모호하거나 소극적인 태도를 지닌다면 그것은 우리를 냉담으로 이끌고 의지도 약해지게 만들 것이다.

29일

어떠한 상황에서 어떠한 일을 하더라도 부지런히 힘쓰도록 노력해야 한다. 불안해하거나 분별없이 해서는 안 된다.

30일

하느님께서 가끔 비참한 상황에 빠진 우리를 내버려 두시는 경우가 있다. 그것은 하느님의 특별한 은총 없이는 이 비참한 상태에서 헤어날 수 없음을 깨닫게 하시기 위함이다.

31일

25년 동안 영혼들을 지도해 오면서 배운 것이 있다. 하느님을 향한 순수한 마음과 믿음을 가지고 성체에 가까이 가는 이에게는 성체가 영혼을 보호하고, 굳세게 하며, 격려해 주고, 성화시켜 준다는 점이다.

St.

Franciscus

Salesius

9월

하느님과의 올바른 관계

1일

죽음은 얼마나 두려운 것인가. 그러나 하느님께서 초대해 주시는 내세의 생명은 얼마나 바람직한 것인가.

2일

나의 모든 사랑을 하느님과 그분의 영광을 위해 바치는 것, 이것이 바로 하느님을 진정으로 사랑하고 있다는 표시이다.

3일

자신의 기질과 성향을 우선시하지 말라. 이는 하느님 마음에 들고 더 큰 공로를 이룰 수 있는 바탕이 된다.

4일

화내는 버릇을 고치는 데 쓴 일 년보다 화나는 일을 보고도 못 본 척 지나쳐 버린 한 시간이 더 많은 악을 막을 수 있다.

5일

유혹에 가장 좋은 약은 고해 신부에게 솔직하게 나 자신을 열어 보이는 것이다. 악마가 영혼에게 가장 먼저 주는 해악은 고해하기를 주저하게 만드는 것이기 때문이다.

6일

이웃의 행동을 되도록 좋게 생각하려고 애쓰는 것, 이것이 우리의 의무다.

7일

모욕 참아내기, 분노 억제하기, 이웃에게 친절 베풀기, 무례함 용서하기, 나의 고집 누르기 등 일상에서 작은 덕행을 쌓을 수 있는 기회를 놓치지 말아야 한다.

8일

남을 가르치는 사람은 먼저 자기를 성화해야 한다. 나아가 가르침을 받는 이들도 모두 성화로 인도해야 한다.

9일

무언가에 걸려 넘어질 때가 있다. 그럴 때마다 놀라 낙담해서는 안 된다. 마음을 다잡아 신앙을 더욱 깊게 하려고 힘쓰자. 그러면 주님과 한층 더 가까워질 것이다.

10일

만일 우리가 세상에서 전적으로 환영받는다면 우리는 하느님의 참된 종이 아닌 것이다.

11일

어떤 욕망이 우리를 지배하려 들면 그와 반대되는 감정을 떠올려 보자. 허영심에는 이 세상의 비참함을, 분노에는 온화하고 아름다운 것을 떠올리는 것이다.

12일

고해 사제의 권고에 따라 선행을 실천했다면 그 선행에는 순종의 덕이 더해진다.

13일

하느님께서는 우리에게 영원한 생명을 주시려고 이 세상을 주셨다. 그런데 많은 사람들이 세상에만 골몰할 뿐 이것에 대해 생각하려고 하지 않는다.

14일

겸손은 하느님과 올바른 관계를 맺도록 이끌며 온화함은 이웃과 올바른 관계를 맺도록 이끈다.

15일

덕행을 완벽하게 실천하지 못하더라도 실망할 필요 없다. 성인들도 때로는 완벽하지 못하게 덕을 실천해 나갔다.

16일

하느님을 사랑하는 이에게 하느님은 무서운 분이 아니다. 하느님은 우리가 당신께 많은 것을 드릴 수 없다는 사실을 아시기에 자그마한 것에도 만족하신다.

17일

고민이나 고통이 없는 사람은 아무도 없다. 그러나 우리 자신을 온전히 주님의 섭리에 맡기면 이것들을 느끼지 않게 될 것이다.

18일

영적 꽃밭은 지상의 꽃밭과 다르다. 지상의 꽃밭에서는 장미가 가시를 남긴 채 시들어 버리지만 영적 꽃밭에서는 가시가 없으며 영원히 남는다.

19일

우리는 늘 애덕을 실천해야 하지만, 가끔 그것이 마음의 순결을 위협하기도 한다. 순결한 마음을 지키기 위해서는 이런 위험을 피해야 한다. 이러한 애덕은 사소한 일로도 우리 마음에 비참한 상처를 주고 우리 영혼을 파멸로 이끈다.

20일

소죄는 애덕을 잃게 하지 않지만 자유를 속박하고 행동을 억눌러 마침내는 꼼짝도 못하게 만든다.

21일

사람의 마음은 끊임없이 하느님의 감추어진 비밀을 알고 싶어 하고, 그분의 거룩한 뜻에 대해서도 이것저것 따지고 묻고 파고들려 한다.

22일

그대들의 겸손이 모든 이에게 알려지도록 하라. 그리고 가능한 한 그것이 진심이 되도록 행동하라.

23일

들으려 하지 않는 곳에 헛되이 말하지 말라.

24일

별것 아닌 병에도 지나치게 신경을 쓰다가 도리어 건강을 해치는 이가 있다. 이와 마찬가지로 고집이 세고 교만한 사람은 사소한 일에도 완고하게 굴어 남들이 참아 내지 못하게 한다.

25일

게으른 사람은 유혹에 빠지기 쉽다.

26일

잠깐이라도 좋으니 깊은 사랑으로 하느님을 생각하라.

27일

진정으로 하느님을 사랑한다면 마음속으로 자주

하느님과 속삭여야 한다.

28일

온화하고 침착하게 행동하려면 생각을 조금씩이라도 조정해야 한다.

29일

하느님께 봉사하고 싶으면 유혹이 닥칠 때를 대비하여 마음의 준비를 하라. 최선의 준비는 용기를 저장해 두는 것이다.

30일

자신이 느끼는 비참함과 허무함을 진정으로 이해하지 못하면 하느님께 참된 믿음을 둘 수 없다.

St. Franciscus Salesius

10월

완덕의 길

1일

좋게 느껴지는 것과 나쁘게 느껴지는 것에 좌우되지 말라. 좌우되더라도 낙담하지 말고 꾸준히 노력하라. 나그네가 멀리서 개 짖는 소리에 귀 기울이지 않고 자기 갈 길을 가듯이.

2일

한탄과 말다툼 소리가 들리는 집에는 성령께서 들어오시지 않는다.

3일

세상의 즐거움을 맘껏 누리는 사람은 영적인 위안을 얻을 수 없다.

4일

하느님은 성덕을 얻을 수 있는 방법을 모두 알려 주셨다. 그래서 가장 섬약한 체질을 지닌 이라도 가장 완전한 덕을 구할 수 있다.

5일

인내하라. 하루아침에 모든 악습과 악덕을 고칠 수 없다. 그렇게 빨리 영혼을 변화시킬 수 있다면 우리는 교만해질 것이다.

6일

언제나 친절과 사랑으로 이웃과 사귀자. 단, 우리 덕에 금이 가지 않게, 하느님께 욕되지 않게 조심해야 한다.

7일

자신에 관해서는 좋은 것이든 나쁜 것이든 말을 삼가야 한다. 나쁘게 말하려고 해도 우리에겐 자기애가 있어서 판단력이 흐려진다.

8일

대단하고 거창한 계획을 세우는 사람보다 고통 중에도 평온하게 지내는 사람이 더 존경받을 만한 사람이다.

9일

혼자 있을 때에도 언제나 몸가짐을 단정히 하고 행동을 삼가야 한다. 우리 곁에는 언제나 거룩한 천사들이 있기 때문이다.

10일

하느님께서 그토록 우리 마음의 문을 두드리시는데 우리가 그 소리를 듣지 못하니 이 얼마나 무례한 일인가. 우리가 듣지 못하는 사이에 하느님께서 모습을 감추실지도 모른다.

11일

허영심은 언제나 비난을 자초한다. 특히 남에게 말할 기회도 주지 않고 자기 말만 하거나 잘난 체하는 것은 허영된 옷차림 이상으로 비난받을 일이다.

12일

슬픔이나 괴로움을 아랫사람들이 알아차리지 못하게 하라. 그러지 않으면 하느님에 대한 믿음이 약해진 것으로 보인다. 또 아랫사람들은 자신들을 미워하는 것으로 오해할 수 있다.

13일

우리가 이 세상을 살아가는 것은 오로지 하느님의 뜻을 따르기 위해서이다. 만일 자신의 바람을 하느님의 뜻에 맞추려 하지 않는다면 어찌 하느님의 자녀라고 할 수 있겠는가.

14일

아무런 목적도 의미도 찾을 수 없는 대화나 모임에 참여했을 때, 그 자리를 피할 방법이 없다면 생각이라도 딴 데로 돌려라.

15일

대부분의 사람들이 자신이 결점이 많은 불완전한 존재라는 것을 인정한다. 그러나 다른 사람이 나에 대해 말할 때는 다르다. 정말 별것 아닌 말도 인정하기 어려워한다.

16일

바보인 체하지도 말고 현자인 체하지도 말라. 지혜로운 체하지 않는 것은 겸손함을 지키기 위한 것이고 어리석은 체하지 않는 것은 거짓을 미워하는 마음을 지키기 위한 것이다.

17일

완덕의 길에 자신이 얼마나 다가섰는지 알고 싶어 하는 조급한 마음은 하느님께서 마음에 들어 하시지 않을 것이다. 그것은 다만 자기애를 채워 줄 뿐이다.

18일

그리스도교적 완덕을 위해서는 지식보다 실천이 중요하다. 순박한 시골 할머니가 세상에서 제일 가는 학자보다 하느님을 더 많이 사랑할 수 있다.

19일

묵상의 은총은 정신의 노력으로 얻는 게 아니라 온유하고 애정 깊은 겸손으로 얻는 것이다.

20일

이름이 널리 알려졌다고 뽐내는 사람이나 명예를 가졌다고 자처하는 사람들이 참으로 부끄러워해야 하는 것은 죄다.

21일

십자가에 못 박히신 예수님을 생각하라. 그러면 이 세상의 모든 십자가와 가시가 장미처럼 보일 것이다.

22일

사람들은 자기가 한 말은 인정받고 싶어 조바심을 내면서 남이 하는 말은 쉽게 비난하려 한다.

23일

자기의 악한 경향을 억제하면 할수록 하느님의 위대하심을 더 잘 이해하게 된다.

24일

모든 행동을 하느님 앞에서 하게 되면 좀 더 잘하게 된다. 반대로 죽음에 대한 공포는 우리에게 이로움보다 해를 가져온다.

25일

참된 신심은 다른 사람도 나와 똑같이 하기를 요구하지 않는다. 그저 내가 하느님의 영광을 위해 내 자신을 온전히 바쳤다는 것으로 만족한다.

26일

이 세상을 사는 동안엔 되도록이면 언제나 마음의 평온을 유지하라. 이것이 하느님 마음에 꼭 드는 완덕의 길이다.

27일

요한 세례자가 예수님보다 앞서 온 것처럼 겸손은 애덕에 앞서는 것이다.

28일

자신이 좋아하고 원하는 대로만 행동한다면 비록 선행의 공을 쌓더라도 그 가치는 아주 적다.

29일

평탄할 때에는 어린이나 약한 이도 하느님을 사랑할 수 있다. 그러나 괴로울 때에는 용맹하고 끈질긴 사람만이 하느님을 사랑할 수 있다.

30일

성인들에게 학문이란 실천과 고통이다. 그들은 이를 통해 영광에 이르렀다. 우리도 하느님을 위해 또는 하느님과 함께 고통을 참아 낸다면 성덕과 영광에 도달할 것이다.

31일

사랑하는 사람이라면 그가 무슨 일을 하든 용서하지만 사랑하지 않는 사람이라면 그가 무슨 일을 하든 책망할 거리만 찾게 된다.

St.
Franciscus
Salesius

11

11월

인간적 지혜

1일

고의로 죄를 범하느니 차라리 죽을 각오를 하라. 죄를 범한다면 모든 것을 잃어도 좋다는 마음가짐이 있어야 한다.

2일

하느님을 바라보고 나 자신을 바라보라. 선으로 가득 찬 하느님과 비참함으로 둘러싸인 나를 발견할 것이다.

3일

누군가에게 충고를 듣거나 작은 잘못을 범했을 때 되도록 변명하지 말라. 그러면 더 큰 발전이 있을 것이다.

4일

춤, 파티, 오락, 연회 등에 계속 집착하는 한 덕행을 실천하기 어렵게 된다. 이들은 그 자체만으로 덕행에 도전하는 것들이기 때문이다.

5일

태만에 빠져 불쌍한 삶을 사는 이들이 있다. 이들처럼 되지 않으려면 기도를 하고 영원토록 보탬이 될 일에 시간을 써야 한다.

6일

누구나 자신의 결점은 숨기려 한다. 그러면서 남의 결점이 알려지면 왜 그렇게 기뻐하는가.

7일

우리는 자신의 습관이나 자신이 원하는 덕에 지나치게 집착한다. 그래서 자기 마음에 들지 않는 남의 행위를 쉽게 비난하게 된다.

8일

내 마음이 결점을 훌훌 벗어버리고 일어서게 하고 싶다면 나 자신에게 화를 내는 것보다 동정을 하는 편이 낫다.

9일

이것도 갖고 싶고 저것도 갖고 싶고, 이것도 좋고 저것도 좋다는 원의를 '유혹'이라고 한다. 그러나 나의 형편을 결정하시고 나에게 필요한 것을 가장 잘 아시는 분은 하느님이시다.

10일

환난 가운데서도 위로자이신 하느님을 신뢰하는 이는 축복받은 이다. 평소에 하느님을 잊고 사는 사람도 역경이나 고통 중에는 그분에게서 위로를 찾는다.

11일

많은 이들이 영적으로 진보하지 못하는 것은 자기 죄의 근본적인 원인이 되는 욕망을 고해 사제에게 성실하게 고해하지 않기 때문이다.

12일

이웃을 비웃거나 모욕하지 않도록 힘써라. 경멸과 증오는 종이 한 장 차이에 불과하다.

13일

하느님을 진실로 사랑하려면 오롯이 마음을 다해서 사랑해야 한다. 마음의 반쪽으로만 하느님을 사랑하고 나머지 반쪽은 다른 것에 준다면 그분은 우리 안에 머물러 계시지 않을 것이다.

14일

남 앞에서 저지른 실수에 왜 그리 한탄하며 마음을 어지럽히는가. 나의 불완전한 모습이 알려지는 것을 두려워하지 말고 이 기회에 내가 보잘것없는 인간이라는 것을 깨달아야 한다.

15일

다른 사람이 어떤 일을 하고 있을 때 그 일에 대해 현명하게 판단할 줄 알아야 한다. 그렇지만 그러지 못할 거 같으면 그들을 동정해 주고 그들을 위해 기도해 주어야 한다.

16일

육욕을 억제하는 것도 좋지만 나쁜 애착으로부터 마음을 깨끗이 비우는 것이 더욱 좋다.

17일

마음을 새롭게 하려는 굳은 각오가 없다면, 소죄를 고백해도 소용이 없다.

18일

우리 주 예수 그리스도는 우리가 스스로를 낮추고 나 자신이 가진 결점을 극복하기 위해 싸울 때에만 이 세상에 평화를 주신다.

19일

불평은 죄 다음으로 인간을 공격하는 최대의 악이다.

20일

우리는 하느님 한 분만 믿는다. 그러나 각자가 처한 상황에 따라 하느님을 섬기는 방법은 여러 가지다.

21일

누구한테든 화를 냈으면 될 수 있는 한 빨리 그 사람한테 친절을 베풀어서 그 잘못을 만회해야 한다.

22일

선량한 이의 명예는 하느님의 손 안에 있다. 하느님은 사람을 시험하시고자 여러 가지 시련을 허락하시지만 그가 참아 낼 수 없게 되기 전에 끌어올려 주신다.

23일

양에게 이리가 다가가는 것을 보고 즉시 큰 소리로 외치는 것은 애덕의 표시다. 이와 같이 누군가가 하느님과 교회를 거슬러 악을 저지르려고 할 때 침묵하고 있어선 안 된다.

24일

하느님 마음에 드는 일만 하고 모든 희망을 하느님께만 걸고 사는 것은 얼마나 선하고 사랑으로 가득 찬 삶인가.

25일

인간적 지혜는 거짓과 쓸데없는 말이 개미집처럼 얽혀 있는 것이다.

26일

경건한 사람은 손과 입과 눈뿐만 아니라 몸 전체가 깨끗해야 한다.

27일

하느님은 어린이처럼 단순한 마음을 가진 이를 사랑하시고 그들을 당신 뜻대로 쓰신다. 그러나 거만하고 타산적인 마음을 가진 이에게는 그렇게 하시지 않는다.

28일

정결을 해치는 악은 처음부터 피하는 것이 좋다. 나중에 다시 되돌리기가 매우 어렵기 때문이다.

29일

사랑에 대해서 많이 생각하는 것보다는 실제로 하느님을 많이 사랑하는 것이 우리 영혼에 더 이롭다.

30일

선행을 베푸는 사람을 보면 기뻐하지만 말고 전력을 다해서 도와라. 그들이 우리보다 하느님께 더 많은 봉사를 하고 있을지도 모른다.

St.
Franciscus
Salesius

12월

은총의 샘

1일

한평생 완전하게 살아갈 수 있으리라 자만해서는 안 된다. 가르치는 사람, 배우는 사람, 명령하는 사람, 복종하는 사람, 모두가 유혹에 빠지기 쉬운 사람들이다.

2일

매일 덕행을 실천하는 데 도움이 될 책을 읽어라.

3일

양심의 가책을 느낄 정도로 큰 죄를 짓지 않았다 해도, 매주 또는 성체를 영하기 전에 겸손하고 경건한 마음으로 고해성사를 봐야 한다.

4일

정성을 다해 바친 주님의 기도 한 번이 들뜬 마음으로 여러 번 외운 기도보다 훨씬 가치 있다.

5일

일을 할 때 숙고하여 침착하게 한다면 생각보다 쉽고 빠르게 마칠 수 있다. 들뜬 마음으로 조급하게 일을 하면 잘못되기 쉽고 일이 해결되기보다 더 복잡해지기 마련이다.

6일

쉽게 완덕에 이르고 싶거든 먼저 박식하고 현명하며 애덕이 충만한 영적 지도자와 만나야 한다. 그러면 좋은 감화를 받을 것이다.

7일

우리가 이르고자 하는 완덕은 기도와 끊임없는 영적 잠심에서 생겨나고, 그곳에서 성장하며, 그곳에서 싱싱하게 보존된다.

8일

사소한 잘못을 가지고 이웃을 손가락질하거나 내가 저지른 잘못을 정당화하려고 변명하다 보면 하느님과의 관계가 어그러질 수도 있다.

9일

아무리 큰 유혹이 오더라도 나에게 그럴 의지가 없으면 죄가 되지 않는다. 하느님은 당신을 사랑하는 사람이 유혹 때문에 괴로워하거나 싸우고 있는 것을 모르는 것처럼 시치미를 떼고 계실 때가 많다.

10일

이 사람이 저 사람보다 더 성덕이 뛰어나다고 판단하지 말라. 겉모습으로 사람을 판단하면 자칫 일을 그르칠 수 있다. 세상 사람 눈에는 별볼일 없어 보여도 하느님 앞에서는 훌륭한 성인일지 모른다.

11일

훌륭하고 존경받는 몇 사람하고만 영적 생활에 대해 의논해라. 너무 많은 사람과는 의논을 잘 하기 어렵고, 시시한 사람과는 자칫하면 다툼이 생길 수 있다. 존경받는 사람과 영적 생활에 대해 의논하면 나의 평판도 나빠지지 않을 것이다.

12일

괴로움에 빠져도 안심하라. 하느님은 우리가 당신을 위해 어떻게 고통을 참고 당신 뜻에 어떠한 태도로 임하는지 직접 보고 계신다.

13일

물질에 얽매이지 않는 사람, 늘 덕을 닦고 자선에 열심히 마음을 쓰는 사람, 하느님의 뜻이라면 고된 시련과 환난도 개의치 않는 사람, 이들은 얼마나 아름다운가!

14일

무엇이든 다 알아내고자 하는 호기심 많은 이가 되지 않도록 하라. 그렇다고 영원한 구원에 관한 것까지 모르고 사는 게으름뱅이가 되어서는 안 된다.

15일

우리는 너무나 많은 것을 요구하고 있다. 골고타 산의 공덕을 원하는 동시에 타보르 산의 위안도 바란다. 또한 하느님의 은총과 더불어 세상의 은혜도 바라고 있다.

16일

옷차림, 행동거지, 말 세 가지를 삼가야 한다. 옷차림은 억지로 멋을 부리지 말고 분수에 맞게, 행동거지는 온화하고 신중하게, 말은 거만하지 않고 공순하게 하라.

17일

싫증 나는 것, 괴로운 것, 불쾌한 것이 없는 사람은 아무도 없다. 그래서 하느님의 뜻에 자신을 완전히 내맡기지 않으면 언제나 자기 처지를 바꾸고 싶어 하는 것이다.

18일

자신에 관한 불신이 하느님을 신뢰하는 데 도움이 된다면 그것 또한 쓸모 있고 좋은 것이다. 그러나 그것이 불안의 원인이 된다면, 큰 유혹으로 알고 잘라 버려라.

19일

단식은 너무 많이 해서도, 너무 적게 해서도 안 된다. 몸이 너무 비대해지면 내 뜻대로 움직일 수 없고, 몸이 너무 여위어도 스스로를 지탱할 수 없게 된다.

20일

설교하는 사람(이나 이웃을 위해 봉사하는 사람)은 실제로 자기가 아는 것보다 더 많이 아는 척하려는 유혹에 빠지기 쉽다. 그러나 이런 사람들은 충분히 아는 사람이 아니다. 충분히 아는 사람은 결코 자신의 지식을 과시하지 않는다.

21일

자기의 판단에 너무 집착하지 않도록 해야 한다. 그러다 보면 자기 도취에 빠져 버리기 쉽다.

22일

약한 이 앞에서 내가 겪은 불의나 고통에 대해 불평을 터뜨려서는 안 된다. 그것은 나 자신을 위해서도 이롭지 못할 뿐만 아니라 그것을 듣는 약한 이에게 나쁜 영향을 준다.

23일

세상이 위대해 보이는 것은 착각, 공상, 거짓에 지나지 않는다. 말구유에 누워 계신 아기 예수님께 이 사실을 배우도록 하자.

24일

결점은 평생을 두고 따라다닌다. 마음을 가라앉히고 겸손되이 하느님 앞으로 나아가 끊임없이 무엇인가를 고쳐 나가도록 하라.

25일

위대한 일을 하고 싶거든 먼저 나 자신을 낮춰라. 나를 버리고 하느님 품 안에 나 자신을 내맡기면 하느님의 은총으로 무엇이든 다 할 수 있으리라.

26일

죽는 순간에 구원을 얻을 수 있는 방법이 수없이 많았는데도 그냥 지나친 자신을 떠올리며 얼마나 큰 가책을 느끼겠는가.

27일

참된 선을 지향하려는 마음은 신심 수련을 계속하려는 의지에서 생기고 그 마음을 방해하는 것은 신심 수련을 그만두려는 유혹에서 생긴다.

28일

많은 사람들이 명예를 손에 넣으려고 안간힘을 쓴다. 안타깝게도 이 명예를 원치 않는 사람은 매우 드물다.

29일

신심 수련은 내가 맡은 직무에 방해되어서는 안 되며, 정신적으로 피곤할 정도로 오래 해서도 안 되고, 주위 사람들에게 폐를 끼치는 것이 되어서도 안 된다.

30일

벼는 익으면 익을수록 고개를 숙인다. 사람도 이와 마찬가지다. 덕이 높은 사람일수록 겸손하다.

31일

하느님 은총의 샘은 겸손한 자의 마음으로 흘러든다.